AF509282

LES OMBRES DES PARTISANS DE LYON

AVEC LEUR DESCENTE EN ᴸ'ENFER.

❧❧❧❧❧❧❧

PREMIER DIALOGUE.

L'Ombre de Monceau à Pluton.

VOUDRIEZ-VOUS permettre, que je retournasse dans le monde pour quelque tems, je commence à m'ennuyer icy, peut estre qu'un entretien de deux ou trois heures avec quelqu'un de mes anciens Amis sur ce qui s'est passé depuis ma mort dans Lyon, dissiperoit une partie de mon inquietude.

Pluton à l'Ombre de Monceau.

Je crois que tu n'y songes pas, de me faire cette demande ; est-ce que tu ne

A

sçais pas, que quand on est une fois dans l'Enfer on n'en sort jamais, je connois bien que tu n'a pas lû le Poëte Virgile qui dit : que

Tour descendre en Enfer le chemin est facile,
Mais s'il en faut sortir, rien n'est plus difficile.

L'Ombre de Montceau à Pluton.

Quoy ? Pluton, seroit-il possible que je demeurasse dans ces lieux pendant l'éternité, sans jamais rien sçavoir des affaires du monde ; moy qui pendant ma vie n'ay eu d'autres occupations qu'à amasser du bien de quelque maniere & à quel prix que ce fût.

Pluton à l'Ombre de Montceau.

Vrayement, vrayement ; j'aurois bien à faire si je voulois laisser aller tous ceux qui souhaitent sortir, & de bonne foy pense-tu étre le seul icy qui soit de qualité, qui ait eu du bien & de l'honneurs O que tu es bien trompé ! Il y en a cent mille, s'il m'étoit permis de les nommer, qui ont été plus que toy, & qui sont moins libres ; & qui cependant ne se plaignent pas tant dans leur malheur, aprens.

Que la Pompe & l'éclat, les marques de Grandeur,
Ne sont plus dans ces lieux qu'une simple vapeur.

L'Ombre de Montceau à Pluton.

Puisque vous estes obstiné à refuser la faveur que je vous demande, du moins permettez que je cherche quelques ames de ma connoissance arrivées depuis peu en ces bas lieux, cela est peu de chose accordés-moy-la, Pluton, je vous en supplie.

Pluton à l'Ombre de Montceau.

Tu est une importune, & tu commence à me rompre la teste par tes supplications, il semble à t'entendre parler qu'il y a plus de dix siecles que tu est icy, si le tems te dure pour sept ou huit mois, tu auras bien à t'ennuyer. Non encore une fois tu ne sortiras point de ton cachos, quand tu m'en supplierois toute l'éternité, je crois que tu pense étre encore dans ta Maison de Ville de Lyon, où tout étoit soumis à ton caprice, il y a bien de la difference, ne sçais tu pas que c'est ici ?

Où les Riches Voleurs dans ces profonds abymes,
Pour avoir mal vecu, sont punis de leurs crimes.

L'Ombre de Montceau à Pluton.

Faut-il que mon desespoir soit éternel ; & quels crimes ay-je commis si grãds pour meriter, de si long-tourmés ? Voilà donc la recompense de tant de peines que j'ay eu à maintenir la Ville

4

de Lyon, & à fervir mon Prince ; il eſt
vray que j'ay amaſſé du bien , fans
prendre garde, fi je ruinois le peuple
que j'ay fait mettre des Impoſts;mais je
n'en ai pas eu tout le profit;je veux mé-
me en avoir fait plus que je n'en dis,eſt
ce que je me fuis attiré par là la haine
des honnête gens?Au contraire , tous
m'eſtimoient ; faut-il que parce que le
Peuple m'ahaiſſoit ie fois reduit dans
ce miferable état. Injuſtice manifeſte ,
jugement fans raifon , Supplices infu-
portables,eſt-ce que vous n'aurés point
de fin ?

Pluton à l'Ombre de Monlceau.

Cette rage, ce defefpoir , toutes ces
grimaces font à prefent inutiles;& tout
ce que je puis faire pour toy, c'eſt que
s'il en vient ici quelques-unes que tu
connoiſſe , je les mettray avec toy , &
ainfi vous parlerez enfemble , voilà en
peu de paroles tout ce que tu peut ef-
perer de moy.

L'Ombre de Monlceau à Pluton.

Helas ! puis que c'eſt la feule grace
que vous voulez m'accorder,ayez donc
cette bonté pour moy de m'en faire venir celles qu'il vous plaira,pour me tirer
de la peine où ie fuis,

Pluton à l'Ombre de Monlceau.

Tout à l'heure, car il me semble qu'on vient de recevoir un certain marchand de bled, dont i'ay oublié le nom ; mais que tu connoitras sans doute , prens patience dans un moment tu le verras.

L'Ombre de Monlceau.

Malheureux que ie suis d'obeïr, aprés avoir toute ma vie commandé avec empire à un grand nôbre de domestiques & de creatures, qui s'étoient davoüées à mon service , quel revers de fortune pour moy , qui du haut du bonheur & des richesses, suis tombé dans ces abymes de miseres. Ah mon cher de Beli! est tu ici aussi bien que moy, quelle bonne nouvelle aportes-tu de l'autre monde , & quel est le suiet de ton voyage ?

L'Ombre de Beli à Monlceau.

Je suis surpris d'une telle interrogation, pourquoy me dis-tu cela? tous ceux de nostre rang ont-ils un autre sort que celui-là, pouvôs nous être heureux pour toûiours & ne sçait tu pas que l'Evangile est en tout veritable, qui dit :

Ceux qui dans cette vie, ont jouy du bonheur,
Ne doivent aprés leur mort esperer que malheur.

L'Ombre de Monlceau à de Beli.

Mon pauvre de Beli , quelle injustice

de souffrir si long-tems pour avoir été Partisans , cet employ est-il si criminel , & y amasse-t-on du bien sans peine & sans inquietude ?

L'Ombre de Beli à Montceau.

Je ne sçai que vous repondre , je ne vois pas non plus que vous les raisons ni les causes de nos malheurs , mais ils sont sans ressource, & c'est une puissance Divine qui nous accable, & dont les jugemens nous sont inconnus.

Les secrets du tres-Haut, nous sont impenetrables,
Il fait les uns heureux , les autres miserables.

L'Ombre de Montceau à de Beli.

Puis que nostre faute est sans remede qu'il n'y a nulle esperance de jamais sortir de ces lieux, tachós de donner du relache à nos maux par le souvenir de nos plaisirs passez , & de tout ce que nous avons fait pendant nostre vie ; ie crois que c'est le seul soulagement que nous puissions avoir maintenant.

L'Ombre de Beli à Montceau.

Eh ! quelle autre consolation pourrions-nous y trouver ?

L'Ombre de Montceau à de Beli.

Il est vray & comme ie vois que vous etes de mon sentiment, dites-moy, ce que l'on dit de ma mort , & si l'on ne me regrette point dans Lyon.

L'Ombre de Beli à Monlceau.

Pourquoy me faites-vous cette demande, de grace parlons d'autres choses, parce que je ne peux rien vous dire sur ce sujet qui vous fasse plaisir, & que vous ne preniez pour mensonge ou pour inventions.

L'Ombre de Monlceau à de Beli

Non je vous jure que je recevray de bonne part tout ce que vous me direz, soit bien, soit mal, soit loüanges, ou reproches, aplaudissemens ou maledictiós, enfin de quelque maniere que ce soit, vôtre recit me sera toujours agreable.

L'Ombre de Beli à Monlceau.

Je le ferai, mais ie vous en supplie, permettez-moy de garder le silence.

L'Ombre de Monlceau à de Beli.

Commencez donc, vos façons m'ennuyent, plus d'excuses, s'il vous plaît.

L'Ombre de Beli à Monlceau.

Je ne sçais ce que vous faisiez pendant que vous estiez Secretaire, mais l'on ne vous aimoit guere, & depuis vôtre mort, ie n'ai connu personne qui ait dit bien de vous, au contraire tous les Lyonnois ont temoigné plus de ioye à voltre mort, que les Syracusiens à celle de Denis leur Tyran.

L'Ombre de Monlceau à de Beli.

Seroit-il possible ! moi qui avois tant d'amis en apparence, cela me surprend; mais continuez, & sur tout que dit-on.

L'Ombre de Beli à Monlceau.

Je ne peux vous le dire, il me faudroit dix ans entiers, & peut être encore ne sufiroient - ils pas. On n'entend dans les ruës que reiouïssances, que châsons plaisantes, & que les cris du peuple qui dit :

De Monlceau est parti, il a changé de place,
Et les Ponts avec luy entrainez par la glace.
Ce Ver, cétte Sangsuë du pauvre Peuple est morte
O Dieu quel bonheur ! que le Diable l'emporte.

L'Ombre de Monlceau à de Beli

Il faut avoüer que le petit peuple est dangereux, & que rien ne peut échaper à sa medisance , quand une fois il est animé contre quelqu'un , un Partisan lui est un Monstre , & si on donne malheureusement, ce nom à un honête homme il n'en parle plus qu'avec execration ou avec horreur. Qu'elle misere d'étre à la censure d'une populace irritée, en verité ne plaignés-vous pas mon sort, & ie serois inconsolable, si les personnes qui se distinguent du commun n'avoient pas un autre sentiment de moi.

L'Ombre de Beli à Monlceau.

Vous m'en croirez, si vous voulez ; mais ie ne crois pas que les gens de qualité, & distinguez vous regrettent, les uns rient, les autres s'en divertissent, enfin personne ne semble étre faché de vôtre mort.

L'Ombre de Monlceau à de Beli.

Que me dites-vous là. Est-il possible que tant de personnes de merite, que je cónoissois, m'ayent si-tôt oublié ? & que bié loin de sauver mon honneur de la langue serpentine du peuple qui la déchire, eux-mêmes le souffrent & l'autorisent. O inconstance ! O infidelité, & perfidie insuportable des honneurs de ce Siecle, dont l'amitié n'est que trahison ?

L'Ombre de Beli à Monlceau.

Estes-vous venu iusques-ici sans le sçavoir, vous qui etes un hóme de bous sens & de iugement, pensés-vous étre le seul qui ait été trahi par ses grands amis. O que non ? ou le Proverbe est faux.

Quand la fortune rit, les amis sont communs,
N'avès-vous point de bien, vous n'en trouvez aucuns.

L'Ombre de Monlceau à de Beli.

Il est vray, cependant ie suis étonné que ma famille ne s'empresse du tout point à soûtenir ma reputation, & que mes enfans, à qui j'ai laissé tant de biens ne disent mot & sont en repos, pendant qu'on me calomnie, ie ne peux pas m'imaginer, d'où vien cela.

L'Ombre de Beli à Monlceau.

Vostre famille, vos parens, vos enfans & vos domestiques, qui mangent en repos & se réioüissent des richesses que vous leurs avez amassees, leur silence fait assez connoistre qu'ils ne se soucient guere de vous ni de tout ce que l'on en peut dire.

Les enfans de ce tems regrettent peu leur Pere Pourveu qu'ils ayent dequoy & fassent bonne chere.

L'Ombre de Monlceau à de Beli.

Quoi, ma ieune femme, ma petite Parisienne, que j'aimois si tendrement, & qui me temoignoit tant d'amour m'auroit-t'elle aussi oublié, aprés l'avoir faite ce qu'elle est.

L'Ombre de Beli à Monlceau.

Elle est la moins fachée de tous, & ne voudoit pas que vous fussiez en vie, elle a du bien, elle est ieune, vous éties vieux & incapable de lui faire plaisir, & maintenant elle en trouvera un jeune qui fera mieux sa balle, elle ne songe pas seulement à vous, ou si elle y pense,ce n'est que rarement & sans regret , elle ne seroit donc pas comme les autres femmes

Si leurs maris sont morts, ell s 'e fondent en pleurs
Leur parle t'on d'aimer, ell. s 'ont sans douleurs.

L'Ombre de Moulceau enragée.

Ingratitude sans pareille ! le Peuple me déchire par sa medisance , ie le lui pardonne , parce que ie l'ai pillé , mes amis m'ont oublié , cela est commun, & ie n'en suis pas surpris ; mais ma famille , mes enfans propres , & qui plus est ma femme tous se moquent de moy , en se divertissant des grands biens que j'avois aquis par les imposts que j'inventois & même par une banqueroute frauduleuse , en un mot par toutes sortes d'injustices,qui sont cause de ma damnation éternelle. C'est ce que je ne sçaurois souffrir. Ah !

L'Ombre de Beli à Moulceau

Ne vous emportez pas , vos transports sont inutiles , peut estre croyez-vous que ie ne vous ay pas dit la verité , voila l'Ombre de Michon qui arrive , si vous en doutez , informez vous-en de lui , nous souffrirons assez , sans

nous faire nous - mêmes de nouveaux
supplices , vous n'estes pas l'unique de
qui on parle, ie n'en suis pas exempt, &
ie m'imagine que ie suis bien sur le ta-
pis , permettez que i'aborde le pauvre
Michon nostre amy pour le lui deman-
der.

L'Ombre de Michon à Monlc. & de Beli.

Je commençois à deplorer mon malheur de me voir seul dans ces meures
sombre ; rencontre fortunée, il me semble qu'à present mes maux sont dimi-
nuez de la moitié.

Les Ombres de Monl. & de Beli à Michon.

Et les nostres aussi à la vuë d'un si
bon ami que vous, venez & approchez-
vous en toute assurance , & racontés-
nous ce que vous sçavez de nouveau
du monde.

L'Ombre de Michon.

Il n'y a rien de particulier que vous
ne sçachiez, sinon que le peuple souffre,
& que les Marchands de bled courent
risque de perdre beaucoup , la grande
abondance en faisant diminuer le prix
par tout le Royaume , il meurt toũiours
beaucoup de monde , & sur tout des
gens de marque & d'aparence. La
Guerre est plus alumée que iamais, enfin

ſi elle dure encore long-temps l'Europe entiere ſouffrira.

L'Ombre de Beli à Michon.

Ce n'eſt pas là ce que nous vous demandons, qu'eſt-ce que nous fait cela? C'eſt de vouloir m'informer de ce que l'on dit de moy dans Lyon depuis ma mort, & ſi elle a fait grand bruit, comme celle de Moulceau.

L'Ombre de Michon à de Beli.

Il s'en manque : cependant le peuple en eſt bien aiſe, & dit que les Marchands de bled meurent auſſi bien que les autres,& que Dieu les punit viſiblement de ce tenir à un prix ſi haut, que les pauvres meurent de faim, & les femmes n'ont d'autre entretien que celui là.

L'Ombre de Beli à Michon.

Ne cachés rien, il eſt impoſſible que l'on ne mediſe pas de moy davantage,car le peuple crioit déja avant que je mouruſſe.

L'Ombre de Michon à de Beli.

Qu'eſt-ce qui m'obligeroit à mentir, croyez-moy on en dira plus de Saladin & des autres que de vous, s'ils viennent à manquer,car ils paſſent pour les plus grands Partiſans de la Ville, & je voudrois être comme vous exemt de la me-

14

difance, parce que j'avois du bien, tout le monde difoit que je volois le Roy, que je me fervois de fon argent, & que je le faifois profiter, en quoy on ne fe trompoit guere; mais quand on veut devenir riche on en prend par tout.

L'Ombre de Monfceau à Michon.

Vous eftes donc comme moy, qui parce que j'eftois Secretaire de la Maifon de Ville, un chacun me portoit envie, je crois qu'il y a des gens qui font nez pour eftre calomniez & d'autres qui feroient tous les maux imaginables, qu'ils feroient dans l'oubli.

L'Ombre de Mic. à Monc. & à de Beli.

Je fuis de vôtre opinion: je vois venir Choifity mon voifin, fort à propos pour me tirer de la peine où je fuis, il femble que dans nos infortunes Pluton vueille nous favorifer nous mettans tous enfemble & nous donnant la liberté de nous entretenir fur ce que nous fouhaitons. Il faut en le faluant que je lui faffe promettre de me dire les difcours que l'on tient de moi dans Lyon, il aura bien à parler: mais n'importe, je le veux fçavoir. Soyez le bien venu Choifiti noftre voifin, d'où vient que vous me fuivez de fi prés, eft-ce que le monde vous ennuyoit, ou s'il vous étoit arrivé quelque accident.

L'Ombre de Choisiti à Michon.

Non, bien au contraire, dans le tems que je cômençois à gagner sur le bled, je suis tombé malade, & lors que j'y pensois le moins, il m'a falu preparer à la mort malgré toute la science des Medecins, & le grand nombre des remedes, je vois bien que c'est un coup du Ciel, qu'on ne pouvoit éviter, je vous jure pourtant que cette mort m'a esté fort sensible, parce que ie m'attendois bien à vous venir ioindre, mais non pas si-tôt.

L'Ombre de Michon à Choisiti.

Etes vous faché d'estre à nostre compagnie, & vous repantez d'avoir esté Partisant; ie vous conseille de n'y pas songer, car il est trop tard, faites-vous un divertissement de vos peines, & oubliez le passé, effacez l'avenir, imaginez-vous d'estre au milieu des plaisirs.

L Ombre de Choisiti à Michon.

Comment voulez-vous que ie m'y prenne ? est-il possible de diminuer les supplices de l'Enfer ? si cela se pouvoit, combien d'autres malheureux s'en sortiroient & s'en seroient delivrez?
Croyez que dans l'Enfer les plaisirs y sont cours
Quand on y est entré ma foy, c'est pour toûjours.

L'Ombre de Michon à Choiſiti.

Je l'avoüe ; mais auſſi ne faut-il pas s'abandonner tout à fait au deſeſpoir, prenez courage, ſuivez noſtre exemple, & entretenez-nous ſur mon ſujet, ce ſera autant de tems paſſé.

L'Ombre de Choiſiti à Michon.

En verité ie ſuis étonné de voſtre curioſité, croyez-moy, vous ne ſerez pas ſatisfait de mon diſcours , ne m'obligez pas à vous dire quelque choſe.

L'Ombre de Michon à Choiſiti.

C'eſt pour cela que ie vous en prie, eſt-ce que ie m'en ſoucie à preſent, vous ne pouvez que nous divertir, commencez.

L'Ombre de Choiſiti à Michon.

C'eſt par obeïſſance que ie le fais. Rien de ſi ioyeux que le peuple de Lion à voſtre enterrement, il eſt vray que c'étoit un des plus beaux & des plus magnifiques que j'ay vû , & il ſembloit plutoſt un Triomphe que des funerailles, tant les cris de ioye & les exclamations univerſelles étoient grandes, chacun de ceux qui y eſtoient diſoient la ſienne, l'un médiſoit, l'autre vous donnoit des maledictions, l'un chantoit, l'autre rioit, enfin peu vous regretoient.

L'Ombre de Michon à Choiſiti.

Je m'en doute bien , & ie ne me ſuis

jamais attendu à autre chofe ; ma con-
duite & le rebut que ie faifois des pauvres, meritoient bien ces applaudiffemés,
mais de grace ne vous reffouvenez-vous
pas de quelques chanfons ou vers fati-
riques, le peuple m'auroit-il plus épar-
gné que Monfeau n'a-t'on rien inven-
té de facetieux fur ma mort.

L'Ombre de Choifiu à Michon.

Belle demande, les Lionnois vous
haïffent trop pour vous laiffer fans calomnie, & vôtre avarice fordide & injufte
les avoit trop irrité pour vous épargner
dans leurs Satires, voilà celles quifont les
plus communes & les plus populaires,
peut-eftre qu'il y en a d'autres, mais elles
ne font pas venuës à connoiffance.

Michon le Parifien fe croyoit immortel,
Il en prenoit par tout & même fur l'Autel,
Tout lui fembloit permis, mais un fecret reffort
A borné fes defirs & a changé fon fort
Aujourd'huy fur le foir par un coup de tonnerre
Le Ciel a renverfé ce mal-heureux par terre.

L'Ombre de Michon à Choifiti.

Vous pouviez bien tant dire que l'on
ne s'entretenoit que de moi, il n'i a là
que fix vers, il eft vrai qu'ils font ex-
preffifs, mais ce n'eft prefque rien.

L'Ombre de Choifiti à Michon.

Que fouhaitez-vous donc davantage,

sans doute que vous n'y faites pas reflexion, je n'ay jamais veu Satyre plus picquantes, c'est vous choquer au dernier point, & je ne sçay comment vos parens n'empéchent point ces médisances.

L'Ombre de Michon à Choisisi.

Qu'y feroient ils peut-estre ne songent il plus à moy, est ce que vous ignorez le Proverbe populaire, *la bête morte, mort le venin*, ils se soucient bien de mon honneur, dont ils ne se mettent non plus en peine que de moy. On en dit gueres moins de vous, & je connois que vous croyez de ne pas être la censure des hommes, aussi bien que les autres, en quoy vous-vous trompés je voudrois trouver quelqu'un qui fut arrivé icy nouvellement, je vous ferois voir le contraire de ce que vous pensez,

L'Ombre de Choisisi à Michon.

Que diroit-on de moy, dont toute l'occupation a été à mon negoce & qui n'ay pas cherché à paroître, mais d'amasser du bien à la sordine, & sans dire mot.

L'Ombre de Michon à Choisisi,

Tout cela ne fait rien, vous-vous étes mis Marchand de bled cela suffit, voilà justement Saladin dont nous avons parlé, vous allez voir ce qu'il nous va dire à vostre sujet.

L'Ombre de Saladin à l'Assemblée.
Quel hazard de vous voir Moulceau & de Beli.
Helas ! que faites vous, Michon & Choisiti.
L'Ombre de Michon à Saladin.

Treve de compliment s'il vous plaît, on ne sçait ce que c'est dans ce pais ici parlez franchement, essuyez vos yeux, faites cesser vos soûpirs, & dites sans façon la vie & les discours qu'on tient de Choisiti, qui se croit innocent & puny injustement.

L'Ombre de Saladin à l'Assemblée.

Qu'il ne se flate point, il en a bien sa part, & chacun dit de luy.

Ce glouton, ce gourmand croyoit mourir de faim.
Et n'avoir pour ses jours jamais assez de pain.
Ce Caparreur de bled a fait comme les autres,
Et le Diable luy dit ma foy tu es d s nostres.

Jugez par ces vers, s'il est innocent, & s'il ne merite pas aussi bien que nous l'Enfer.

Toutes les Ombres à Saladin.
Vous avez raison, il est juste qu'il soit de nôtre bande.

L'Ombre de Saladin aux autres.
Une seule chose me fache; c'est de ne pas sçavoir pourquoy je suis icy, & qu'il n'y ait personne qui m'en puisse informer, je me doute bien à peu prés

de la cauſe de ma punition , & ie me
ſens pour le moins auſſi coupable qu'au-
cun de vous, il me ſemble de voir Pluton qui vient à nous , ſans doute c'eſt
pour nous ſeparer , cependant avant
que de vous quitter je veux vous faire
part de ce que l'on diſoit de moy pendant ma maladie.

Salaain va paſſer je vois ſa male preſte,
Mais verrons nous toûjour, cette Diai le d'Arête.

Ce n'eſt qu'un Prelude de la ſuite, finiſ-
ſons dans la premiere conference nous
aurons quelques compagnons qui nous
inſtruiront du reſte.

Plutons aux Ombres des Partiſans.

Je crois que vous n'aurez jamais fait,
vous vous imaginez encore d'eſtre dans
vos Aſſemblées des Cabales , où vous
étiés libres , & où vous ne vous ennu-
yés pas , quand il s'agiſſoit de quelque
uſure , &c. Alons ſans plus de raiſons,
ſeparez vous.

Deſcendez dans ces lieux, Victimes des Enfers,
Et ſoyez à jamais la pâture des Vers.

CHANSON NOUVELLE,

des Partisans de Blé de la Ville de Lyon,

Sur l'air, *Quand le Roy entra dans la Cour il salua les Dames.*

Caron voyant sur son rivage,
Venir Michon dit aussi-tost
Vient tu mettre icy un Impost,
Sur mon pauvre passage.

MICHON.

Cher Caron n'aye point de crainte
J'en veux agir honnestement,
Tu n'aura point asseurement
De moy aucune plainte.

Je te prie passe moy viste,
Tu aura un de ces matin,
Saladin avec Martin,
Qui vienne avec Choisite.

Fait moy une seconde grace,
De me dire où est de Montceau
Et le Secretaire Renau
Qui me garde ma place.

CARON.

Il est logé dans le Domaine,
Où reside le grand Pluton
Où le consulat de Lyon,
Se tient toutes les semaine.

MICHON.

Les terres sont-t-elles feconde
Le bled est-il rare en ce païs,
Car je feroit venir celuy,
Que j'ay en l'autre monde.

CARON.

Ton blé seroit icy innutile,
Car au Royaume de Pluton,
L'on ne mange que charbon
Et plompt fondu qui grille.

MICHON.

C'est donc cela de la maniere
Que l'on traite les Partisans,
Souffriront-t'il tous ces tourmens,
Une éternité entiere.

Il faudra bien qui les endure,
Avec mille autres chagrin,
Pour avoir fait mourir de faim,
Cent mille creature.

CARON.

Adieu Michon voici une troupe,
D'environ trois cent Boulanger,
Il me les faut aller passer,
Vitte dans ma chalouppr.

Pluton cette année est fertile,
Ton pays sera bien peuplé,
Tu auras des Marchands de blé,
Plus de cinquante mille.

Le Dies Illa des Marchands de Bled,

Sur l'air, *du Dies Illa.*

TOut Lyon a la larme à l'œil,
De voir Michon dans le cercüeil
C'eſt plutoſt de joye que de dœüil.

A la porte du Paradis,
L'Apôtre S. Pierre lui dit,
Ha ! Michon tu t'es bien mépris.

Car nous ne voulons point ſceans
De voleurs ny de Partiſans,
Qui ſucce du peuple le Sang.

Je vous prie de m'excuzé,
Comme étant un Marchand de Blé.
J'avois mon Eſprit un peu troublé.

Mais écouté moy ſans façon,
Vous ſçaurez ſi j'ay eu raiſon,
D'avoir enrichi ma maiſon.

Voyant à Lyon la cherté,
En Provence, j'ay acheté
De blé fort grande quantité.

Le negoce en eſt ſi bon
Que j'ay gagné deux millions,
Avec mon Pere Batteon.

Saladin, Choiſite, & Martin,
Qui viendront un de ces matins
On fait auſſi des grands butins.

Et si vous ne nous vou'ez pas,
Nous irons tous quatre là bas
Pluton nous refusera pas,

A la faveur de de Monceau,
Et du Secretaire Renau,
Qui sont nos amis principaux.

Quand nous seront en ce lieux là
Nous y tiendront le consulat
Pour recevoir le Peculat.

Qu'aporteront les Boulangers
Par l'entremise de Gautier,
Pour toujours tenir le pain cher.

Saint Pierre.

Tous vos projets iront au vent
Vous souffrirés éternellement
Dans l'enfer des cruels tourment:

Vous estes des méchant frippon
Vous caulez la mort dans Lyon
A vingt-mille homme ou garçon.

Mais Pluton vous en punira,
Tant que le monde durera
Et l'Eternité s'en suivra.

Amen.

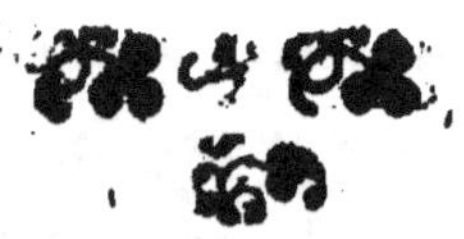